UNION COLONIALE FRANÇAISE

44, Chaussée-d'Antin, Paris

STATUTS

ET

LISTE DES MEMBRES

AVRIL 1901

UNION COLONIALE FRANÇAISE

STATUTS

CHAPITRE Ier

Dénomination, But et Siège de l'Association

ARTICLE PREMIER.

Il est formé entre ceux qui adhéreront aux présents statuts une Association ayant pour titre : *Union Coloniale Française.*

ART. 2.

Cette Association a pour but :

1° La défense des intérêts coloniaux existants, généraux et particuliers :

(*a*) En assurant, par tous les moyens en son pouvoir, le développement, la prospérité et la défense des intérêts généraux de la colonisation et du commerce colonial, ainsi que les intérêts particuliers des membres de l'Association en tant qu'ils sont d'accord avec ces intérêts généraux ;

(*b*) En provoquant des réunions ayant pour objet la discussion et l'examen des questions coloniales ;

(*c*) En intervenant auprès des pouvoirs publics et toutes juridictions pour la défense des principes d'intérêt général ;

(*d*) En examinant et en provoquant toutes mesures économiques ou législatives reconnues nécessaires, en les soutenant par tous les moyens à sa disposition ;

(*e*) En communiquant à ses membres tous les renseignements utiles, lois, règlements, tarifs douaniers, tarifs et cahiers des charges des diverses administrations et généralement tous documents et renseignements qu'elle prend le soin de réunir, en aussi grand nombre que possible.

2° La création d'intérêts nouveaux :

(*a*) En répandant largement en France des notions et des idées coloniales justes, au moyen de notices et brochures de propagande, articles de presse, publications diverses, cours professés dans les facultés et écoles d'enseignement secondaire et primaire, conférences à Paris et en province, en un mot, en faisant mieux connaître et apprécier nos possessions lointaines ;

(*b*) En provoquant l'émigration de capitaux et de colons vers nos colonies, et en contribuant à leur mise en valeur par l'agriculture et l'industrie et au développement du commerce.

Art. 3.

Le siège de l'Association est à Paris, au lieu désigné par le Bureau.

CHAPITRE II

Des Membres de l'Association.

Art. 4.

L'Union comprend :

1° Des membres **sociétaires-fondateurs** ;

2° Des membres **donateurs** ;

3° Des membres **correspondants** ;

4° Des membres **adhérents** ;
5° Des **sections régionales.**

Art. 5.

Toute personne ou maison qui voudra faire partie de l'Association devra être présentée par deux membres et adresser sa demande au Président. La demande d'admission doit être faite par écrit et contenir l'adhésion aux statuts ; le Président soumet la demande au Bureau qui l'examine et prononce.

Les cotisations annuelles sont payables d'avance.

Tout membre doit sa cotisation jusqu'au jour où il a adressé sa démission écrite au Président.

Le non-payement de la cotisation pendant deux ans consécutifs entraine de droit la radiation.

Art. 6.

Pour être membre **sociétaire-fondateur**, il faut payer :
1° Un droit d'admission de 1.000 francs (mille) au minimum ;
2° Une cotisation annuelle de 1.000 francs.

Pour être membre **donateur**, il faut payer une cotisation annuelle de 300 francs au minimum.

Pour être membre **correspondant**, il faut résider dans les colonies ou pays de protectorat ou d'influence française et payer une cotisation annuelle de 300 francs.

Pour être membre **adhérent**, il faut payer une cotisation annuelle de 50 francs.

CHAPITRE III

Droits et Avantages des Membres.

Art. 7.

Les membres **sociétaires fondateurs** ont seuls, suivant les règles établies par ailleurs, le droit d'élire les membres du Bureau.

Les membres **sociétaires-fondateurs, donateurs** et **correspondants** jouissent de tous les avantages prévus par l'article 2 et, en outre, de tous ceux concédés aux membres adhérents.

Art. 8.

Les membres **adhérents** :

1° Reçoivent toutes les publications de l'Union ;

2° Peuvent s'adresser à elle pour obtenir tous renseignements généraux ou spéciaux, techniques ou non techniques, d'intérêt commun ou d'intérêt privé, et même demander l'étude de telle question déterminée ;

3° Peuvent, en cas de procès, élire domicile au siège de l'Union ;

4° Peuvent y faire adresser leurs lettres, y faire leur correspondance, profiter de la bibliothèque, des journaux, etc.

CHAPITRE IV

Administration de la Société.

Art. 9.

L'administration de l'Association et l'organisation de ses travaux sont confiés à un Bureau élu par l'ensemble des membres sociétaires-fondateurs.

Le Bureau se compose d'un président, de quatre vice-présidents et de neuf membres dont un trésorier, et, en plus, du secrétaire général de l'Association chargé des fonctions de secrétaire du Bureau.

Le Président et les Vice-Présidents seront toujours choisis parmi les membres sociétaires-fondateurs. Entre les neuf membres, trois pourront être choisis parmi les membres donateurs ou correspondants séjournant en France.

Art. 10.

Le Président est élu pour deux ans. A sa sortie de charge,

il peut être nommé président honoraire et à ce titre faire partie du Bureau.

Les Vice-Présidents sont renouvelés par quart tous les deux ans à tour de rôle.

Les autres membres sont renouvelés par tiers tous les deux ans à tour de rôle.

Les premières années, le sort désigne le Vice-Président et les membres qui doivent sortir. Puis le roulement s'établit.

ART. 11.

Aucun des membres du Bureau, à l'exception du Trésorier, n'est immédiatement rééligible. Toutefois le Président et le Vice-Président à élire tous les deux ans peuvent être choisis même parmi les membres sortants.

ART. 12.

Le Bureau représente l'Association ; il en dresse le règlement intérieur; il prépare le programme des travaux ordinaires de l'Association.

ART. 13.

Le Bureau se réunit au moins une fois par mois sur la convocation du Président.

Dans les délibérations, la voix du Président est prépondérante.

Le procès-verbal des séances du Bureau est dressé par le Secrétaire général ; il indique sommairement les questions traitées et les décisions prises. Après l'adoption, il est signé par le Président et le Secrétaire général.

ART. 14.

Le Président convoque et préside l'Assemblée générale annuelle des membres de l'Association.

Le Président ou le membre du Bureau délégué par lui ordonnance les dépenses, signe les baux et contrats, ainsi que les extraits des délibérations du Bureau.

Art. 15.

Le Bureau nomme un Secrétaire général rétribué qui est chargé, sous sa surveillance, de la correspondance, du classement des renseignements, de la conservation des archives, des publications diverses, de la direction du personnel, etc.

Il est également chargé d'assurer le paiement des dépenses et le recouvrement des recettes. Toutes pièces comptables, reçus, quittances, chèques, etc., sont signées par le Secrétaire général et le Trésorier collectivement, ou, en l'absence de l'un d'eux, par le Président ou par tel membre du Bureau qu'il désignera.

Art. 16.

Un compte rendu annuel des travaux de l'Association est rédigé par les soins du Bureau ; il est adressé à chacun des membres de l'Association, ainsi que toute publication qui paraîtrait utile sur les questions intéressant la Société.

Art. 17.

Le Bureau ni aucun des membres qui le composent ne peuvent être tenus responsables des conséquences de leur administration régulière.

La Société n'est pas responsable de l'opinion de ses membres, même dans ses publications.

Le Président fera connaître à l'autorité les changements qui se seront produits dans la composition du Bureau ; il lui adressera chaque année la liste des membres, ainsi qu'un compte rendu de la situation de la Société.

CHAPITRE V

Sections régionales.

Art. 18.

1° Il est créé, en province, des sections régionales de l'Union Coloniale Française.

Ces sections poursuivent toutes le même but : coopérer à l'action de l'Union Coloniale Française et travailler de concert avec elle au peuplement de nos colonies et à leur mise en valeur par l'agriculture, l'industrie et le commerce.

2° Elles sont administrées par un Bureau composé de membres de l'Union Coloniale Française, et nommés par le Bureau central de Paris.

3° Le Bureau de chaque section se compose d'au moins trois membres : Président, Vice-Président, Secrétaire-Trésorier. Il peut y être ajouté un deuxième Vice-Président et les fonctions de Secrétaire et de Trésorier peuvent être remplies par des personnes distinctes.

4° Pour devenir membre d'une section de l'Union Coloniale Française, il suffit d'en faire la demande et d'être agréé par le Bureau de la section.

5° Les membres des sections régionales de l'Union Coloniale Française paient une cotisation annuelle de dix francs.

6° Les membres d'une section régionale, appelés par la nature de leurs fonctions à changer de résidence (officiers, professeurs, magistrats, fonctionnaires), sont de droit, lors d'un déplacement, membres de la section régionale dans laquelle se trouve leur nouvelle résidence et n'ont à renouveler leur cotisation annuelle qu'à la fin de l'année en cours.

7° Avant de transmettre le montant des cotisations au siège de l'Union Coloniale Française à Paris, chaque section prélève pour ses frais d'administration, de propagande, de conférences, etc., les 5 dixièmes de la totalité des sommes encaissées par ses soins.

8° Les membres des sections doivent, pour tout ce qui concerne les cotisations, les renseignements, les conférences, la propagande, etc., correspondre directement avec le Bureau de leur section.

Le Bureau de chaque section se tient seul en rapports directs et constants avec le Bureau de l'Union Coloniale Française à Paris.

CHAPITRE VI

Assemblée générale de l'Association.

Art. 19.

L'Association et les sections régionales se réunissent chaque année en Assemblée générale, au jour fixé par le Bureau, vers la fin du premier semestre de chaque année.

Art. 20.

Une convocation à cette Assemblée générale est adressée à chaque membre individuellement, au moins dix jours à l'avance, par le Bureau, et indique l'ordre du jour.

Art. 21.

L'ordre du jour de l'Assemblée générale comprend notamment :

1° La lecture du procès-verbal de l'Assemblée précédente ;

2° Le rapport du Bureau sur l'administration et les travaux de la Société pendant l'année écoulée.

Les discussions politiques et religieuses sont interdites dans les réunions de la Société.

CHAPITRE VII

Assemblées spéciales des sociétaires-fondateurs. — Commissions d'étude.

Art. 22.

En dehors de l'Assemblée générale et en dehors des séances du Bureau, où se traitent les affaires communes de l'Union, le Bureau peut, de sa propre initiative, convoquer les sociétaires-fondateurs en Assemblée spéciale pour examiner une affaire déterminée.

Art. 23.

Le Bureau peut aussi, par lettre signée d'au moins trois

membres sociétaires-fondateurs, être saisi d'une demande
de convocation d'Assemblée spéciale des sociétaires-fondateurs. Le Bureau examine cette demande et, suivant les cas,
ou bien y défère ou bien rend compte à l'Assemblée générale
suivante des motifs de son refus.

ART. 24.

Quand il y a lieu de convoquer une Assemblée spéciale,
la date et le programme détaillé des questions qui y seront
traitées sont indiqués sur les convocations individuelles
adressées à tous les membres des catégories désignées,
quinze jours au moins à l'avance.

ART. 25.

Les délibérations ne pourront être valables que si, dans
ces Assemblées spéciales, le tiers au moins des membres
convoqués est présent ou représenté.

Les décisions sont prises à la majorité des membres présents ou représentés et des votes adressés par correspondance.

ART. 26.

Des personnes étrangères à la Société peuvent être invi-
tées à assister à une assemblée de quelque nature que ce
soit.

ART. 27.

Les décisions prises dans les Assemblées spéciales seront
exécutées par les soins du Bureau.

ART. 28.

En cas de désaccord quelconque, soit entre des membres
de l'Union Coloniale Française, soit entre des sections
régionales, soit entre un ou plusieurs membres, ou une ou
plusieurs sections régionales et l'Union Coloniale Française
elle-même, il sera désigné par le Bureau de l'Union Coloniale
Française, pour en connaître, un Comité composé d'au moins
trois membres dont la décision sera souveraine et sans
appel.

2

CHAPITRE VII

Modifications des statuts. — Dissolution.

ART. 29.

Les statuts de l'Association peuvent être modifiés en Assemblée générale extraordinaire des sociétaires-fondateurs convoquée spécialement à cet effet sur la proposition, soit du Bureau directeur, soit d'un groupe comprenant au moins le quart des membres sociétaires-fondateurs qui en auront fait la demande par écrit au Comité.

Les modifications, pour être valables, doivent être votées à la majorité absolue par une Assemblée comprenant au moins la moitié des membres sociétaires-fondateurs présents ou représentés. En cas de modifications statutaires, la Société devra solliciter de nouveau l'autorisation prévue par l'article 291 du Code pénal.

ART. 30.

L'Association pourra prononcer sa dissolution en Assemblée générale extraordinaire des sociétaires-fondateurs convoquée spécialement à cet effet.

Les trois quarts des membres sociétaires-fondateurs devront être présents ou représentés pour que l'Assemblée soit valablement constituée, et la délibération devra être prise à la majorité des trois quarts des membres présents.

La question de dissolution ne pourra être soulevée par un membre isolément ; elle devra être formulée et motivée par une demande écrite, signée par le tiers des membres sociétaires-fondateurs. Cette demande sera adressée au Président et soumise au Comité, qui devra examiner la proposition et en faire un rapport à l'Assemblée générale extraordinaire.

Ce rapport sera imprimé et adressé à chaque membre avec la lettre de convocation.

BUREAU

ET

LISTE DES MEMBRES

BUREAU DE L'UNION COLONIALE FRANÇAISE

Président : **M. E. Mercet**, de la maison Périer, Mercet et Cie, banquiers, Paris, vice-président du Comptoir National d'Escompte de Paris, administrateur de la Banque de l'Indo-Chine.

Vice-Présidents : **M. J. Charles-Roux**, ancien député, président du Comité de Madagascar ;

M. Th. Mante, de la maison Mante frères et Borelli, de Régis aîné, Marseille ;

M. Emile Maurel, de la maison Maurel et Prom, Bordeaux ;

M. Ulysse Pila, de la maison Ulysse Pila et Cie, Lyon.

Membres du Bureau : **M. Ballande**, négociant, Bordeaux ;

M. Cambefort, banquier, Lyon ;

M. Delacre, commissionnaire, Paris ;

M. Du Buit, administrateur délégué de la Société française des Nouvelles-Hébrides, Paris ;

M. Duprat, directeur de la Compagnie des Chargeurs-Réunis, Paris ;

M. La Ferté, ancien fondé de pouvoirs des Établissements du Creusot ;

M. Le Cesne, administrateur délégué de la Compagnie française de l'Afrique Occidentale, Marseille-Paris ;

M. S. Simon, directeur de la Banque de l'Indo-Chine (*Trésorier*).

Secrétaire Général : **M. J. Chailley-Bert**, professeur de colonisation comparée à l'Ecole libre des Sciences politiques.

MEMBRES HONORAIRES

Monsieur le **Président** de la République française.
Monsieur le Gouverneur général de l'Indo-Chine.
Chambre de Commerce de Saint-Etienne.

MEMBRES SOCIÉTAIRES-FONDATEURS

I

Gouvernement Général de l'Indo-Chine.
Comité de Madagascar.
Gouvernement de la Nouvelle-Calédonie.
Conseil Général de la Nouvelle Calédonie.
Syndicat des Producteurs de la Réunion.
Conseil Général de Tahiti.
Résidence générale de France à Tunis.

II

Chambre de Commerce de Lyon.
Chambre de Commerce de Marseille.

III

Artaud frères (J.-B. et A.), négociants-commissionnaires-exportateurs. Vins, rhums, huiles (agents de la Compagnie Valenciana, (rue Plumier prolongée, Marseille, maison à Valence (Espagne).

Ballande fils ainé (L.), négociant-commissionnaire-exportateur, 15, rue Saint-Simon, Bordeaux. Comptoir à Nouméa.
Banque de l'Indo-Chine, 34, rue Laffitte, Paris.
Banque de Paris et des Pays-Bas, 3, rue d'Antin, Paris.
Banque Internationale de Paris, 3 et 5, rue Saint-Georges, Paris.
Béchade (de), négociant, Nouméa-Bordeaux.
Blanchet frères, et Kléber, fabricants de papiers, [Rives (Isère).

Buhan père, fils et Teisseire, négociants-commissionnaires-exportateurs, 23, rue Boudet, Bordeaux.

Charles-Roux (J.), président du Comité de Madagascar, 9, rue Christophe-Colomb, Paris.
Compagnie des Chargeurs-Réunis, 11, boulevard des Italiens, Paris; 99, boulevard de Strasbourg, Le Havre.
Compagnie de Fives-Lille pour constructions mécaniques et entreprises, 64, rue Caumartin, Paris.
Compagnie française de l'Afrique Occidentale (Jules Le Cesne, administrateur délégué), 38, Chaussée-d'Antin, Paris; 46, rue de Breteuil, Marseille.
Compagnie française des Câbles télégraphiques, 38, avenue de l'Opéra, Paris.
Compagnie des Messageries maritimes, 1, rue Vignon, Paris.
Compagnie nationale de Navigation, 18, rue de la République, Marseille.
Comptoir national d'Escompte de Paris, 14, rue Bergère, Paris.
Crédit Foncier Colonial, 2, rue Mogador prolongée, Paris.
Crédit Lyonnais, 19, boulevard des Italiens, Paris.

Denis frères, négociants-commissionnaires-exportateurs, 26, allées d'Orléans, Bordeaux.
Devès et G. Chaumet, négociants-commissionnaires-exportateurs, 11, rue Vauban, Bordeaux.

Fabre (C. F.) **et Cie**, armateurs, 69, rue Sylvabelle, Marseille.
Foncière-Transports (La), 12, place de la Bourse, Paris.
Fraissinet et Cie, Compagnie marseillaise de Navigation à vapeur, 6, place de la Bourse, Marseille.

Gillet (J.), 7, 8, 9, quai de Serin, Lyon.

Mante frères et Borelli, de Régis aîné, négociants-armateurs, 7, rue de l'Arsenal, Marseille.
Maurel et H. Prom, négociants-commissionnaires-exportateurs, et armateurs, 5, rue d'Orléans, Bordeaux.
Mercet (E.), banquier, de la maison Périer, Mercet et Cie, vice-président du Comptoir national d'Escompte de Paris, 59, rue de Provence, Paris.
Messageries Fluviales de Cochinchine, 43, rue Taitbout, Paris.

Pila (Ulysse) **et Cie**, négociants-commissionnaires-exportateurs, 12, rue du Bât-d'Argent, Lyon.

Régie Générale des Chemins de fer, 66, rue Basse-du-Rempart, Paris.

Schneider et Cie, au Creusot, et 42, rue d'Anjou, Paris.
Société anonyme Belge pour le commerce du Haut-Congo (M. de Montebello, député, administrateur), Paris-Bruxelles.
Société de Constructions de Levallois-Perret, 42, rue Fouquet, Levallois-Perret (Seine).
Société française des Charbonnages du Tonkin, 5, rue Caumartin, Paris.
Société générale pour favoriser le développement du commerce et de l'industrie en France, 54 et 56, rue de Provence, Paris.
Société générale de Crédit industriel et commercial, 66, rue de la Victoire, Paris.
Société « Le Nickel », 13, rue Lafayette, Paris.
Société Marseillaise de Crédit Industriel et Commercial, 4, rue Auber, Paris.
Syndicat cotonnier de l'Est, rue Jeanne-d'Arc, Épinal.

Werlé (comte), propriétaire de la maison Vᵉ Clicquot-Ponsardin, Reims.

MEMBRES DONATEURS

I

Chambre de Commerce de Bordeaux.
Chambre de Commerce du Havre.
Chambre de Commerce de Paris.

II·

Aynard (Edouard), député, 4, avenue Van-Dyck, Paris.

Bon Marché (Grands Magasins du), Morin, Fillot, Ricois et Cie,
Paris.

Cambefort, banquier, 13, rué de la République, Lyon.
Compagnie Générale de constructions électriques (anciens ateliers
Houry et Cie et Vedovelli et Priestley), 60, rue de Provence,
Paris.
Compagnie Générale Transatlantique, 6, rue Auber, Paris.
**Compagnie des Hauts Fourneaux, Forges et Aciéries de la marine
et des chemins de fer**, Saint-Chamond (Loire).
Compagnie du port de Bizerte, 78, rue d'Anjou, Paris.
Conseil général de la Seine-Inférieure.

Delacre (L.), négociant-commissionnaire, 9, rue Bleue, Paris.
Delmas et Clastres, négociants, 118, cours d'Alsace-Lorraine,
Bordeaux.

Fournier (Eug.), **P. Bon et Cie**, produits pharmaceutiques et
chimiques, 54, rue Devosge, à Dijon (succursale à Alger).

Goldschmidt (Mme Ferdinand), 6, rue Edouard-Detaille, Paris.

Hachette et Cie, 79, boulevard Saint-Germain, Paris.

La Croix de Laval (comte de), chef d'escadrons, porte de Brisach, Belfort.
La Ferté (J.), 39, rue du Général-Foy, Paris.
Librairie Armand Colin (Max Leclerc et H. Bourrelier, éditeurs), 5, rue de Mézières, Paris.
Louvre (Magasins du), Paris.

Milhau-Crémieux et Cie, Société générale des boissons gazeuses de Marseille, 195, boulevard Baille, Marseille.
Moustier (marquis de), député du Doubs, 15, avenue de l'Alma, Paris.

Société de constructions des Batignolles, 176, avenue de Clichy, Paris.
Société française des Nouvelles-Hébrides, 59, rue de Provence, Paris.
Société Générale des Tramways à vapeur de Cochinchine, 24, rue Saint-Lazare, Paris.
Société de Géographie commerciale de Bordeaux, à la Bourse, Bordeaux.

MEMBRES CORRESPONDANTS

I

Chambre d'Agriculture de la Réunion, Saint-Denis.
Chambre de Commerce de Nouméa.
Chambre de Commerce des Etablissements français de l'Océanie,
Papeete, Tahiti.
Chambre de Commerce de Pondichéry.
Chambre de Commerce de la Réunion, Saint-Denis.
Chambre de Commerce de Rufisque.
Chambre de Commerce de Saïgon.
Chambre de Commerce de Saint-Louis (Sénégal).
Syndicat central agricole de la Réunion, Saint-Denis.

I I

Banque du Sénégal, Saint-Louis (Sénégal).
Bernheim (L.), négociant-commissionnaire-exportateur, Nouméa.
Blay (André) **fils,** négociant-commissionnaire-exportateur, conseiller privé, président de la Chambre de Commerce, Saint-Denis (Réunion).
Boussand, ingénieur civil, Thizy (Rhône) et Tananarive.

Choppy (Ch.), rentier, Saint-Denis (Réunion), 104, avenue des Champs-Elysées, Paris.
Compagnie Générale Franco-Malgache, 8, rue Mogador, Paris.
Crédit Foncier Colonial (Agence du), Pointe-à-Pitre (Guadeloupe).
Crédit Foncier Colonial (Agence du), Saint-Denis (Réunion).

Devaux (Paul), avocat-défenseur, Haïphong.

Deville de Sardelys (comte), plantation Ampetika, près Mahanoro, par Tamatave, province d'Andevorante, Madagascar.

Gicquel, négociant à Tamatave (Madagascar).

Herménier et Planté, négociants-commissionnaires-exportateurs, Haïphong-Hanoï.

Jaussein (Félix), vice-président de la Chambre de Commerce de Rufisque, Sénégal.

Marty et d'Abbadie, armateurs et constructeurs-mécaniciens (Correspondances fluviales du Tonkin), Haïphong.

Ringwald, négociant-commissionnaire-exportateur, Saint-Denis (Réunion).

Société anonyme de Filature et Tissage mécanique « Savana » (Pondichéry), 1, rue Esprit-des-Lois, Bordeaux.

Thomé, président du Syndicat des Planteurs du Tonkin, au domaine de la Croix-Cuvelier, par Lam (Tonkin).

Union agricole calédonienne, à Nouméa.

MEMBRES ADHÉRENTS

I

Chambre d'Agriculture d'Hanoï (Tonkin).
Chambre d'Agriculture de Nouméa.
Chambre de Commerce d'Alger.
Chambre de Commerce d'Annonay.
Chambre de Commerce de Cette.
Chambre de Commerce d'Hanoï (Tonkin).
Chambre de Commerce de Lille.
Chambre de Commerce de Montpellier.
Chambre de Commerce de Nancy.
Chambre de Commerce de Reims.
Chambre de Commerce de Roanne.
Chambre de Commerce de Roubaix.
Chambre de Commerce de Rouen..
Chambre de Commerce de Tourcoing.
Chambre de Commerce Française de Valence (Espagne).

II

Adet, propriétaire en Calédonie, 47, rue Vergniaud, Bordeaux.
Agnel frères, négociants, produits alimentaires, 16, rue Thiers, Marseille.
Agoult (le comte d'), député, 19, boulevard Latour-Maubourg, Paris.
Aine (E.), négociant, 1, place Vendôme, Paris.
Alby, administrateur de Quang-Tchéou-Ouane (Chine).
Alioth (Marcel), importateur, 22, rue Saint-Rémi, Bordeaux.
Allain (Maurice), négociant-commissionnaire, 25, boulevard Poissonnière, Paris.

Amieux (M.) **et Cie**, sardines, beurres et toutes conserves, Chantenay-lès-Nantes.

Anciens établissements Henri [Satre, 8 et 9, quai Rambaud, Lyon.

Anfreville de la Salle (D^r d'), médecin de la Cie Franco-Malgache, Nossi-Bé (Madagascar).

Angelvin (J.) **et fils**, fabricants de chocolat et de confiserie, (commission, consignation, exportation), 24, place Castellane, Marseille.

Antoine (A.), 17, rue Jacquemont, Paris.

Antoine (Jules), tisseur, Saulx, par Rupt (Vosges).

Antoine (Paul), manufacturier, Vecoux (Vosges).

Arcin, Georges et Cie, vins et spiritueux, Bordeaux.

Arenberg (prince d'), député du Cher, vice-président du Groupe colonial, président du Comité de l'Afrique française, président de la Compagnie internationale et universelle du canal maritime de Suez, 20, rue de la Ville-l'Evêque, Paris.

Armandon (Jean), négociant à Gilhac, par Boucieu-le-Roi (Ardèche).

Arnaud (Emile), négociant, minotier, 5, rue Canebière, Marseille.

Artus (Louis), 105, boulevard Haussmann, Paris.

Astier (E.) **et Cie**, mercerie, bonneterie, chaussures, quincaillerie, 14, rue Saint-Bazile, Marseille.

Auby, directeur de la Caisse Mutuelle du Crédit Populaire et Agricole, 12, rue Duphot, Paris.

Auricoste, directeur de l'Office colonial, 34, galerie d'Orléans (Palais-Royal), Paris.

Avice (Alphonse), négociant, 24, boulevard Cauchoise, Rouen.

Avigneau (Marie d'), avoué, 9, rue Lafayette, Nantes.

Aynard et fils, banquiers, 19, rue de la République, Lyon.

Baboin (Aimé), manufacturier, 33, rue Royale, Lyon.

Banque privée [industrielle, **commerciale, coloniale**, rue de l'Hôtel-de-Ville, Lyon.

Bapterosses (F.) **et Cie**, industriels, 50, rue d'Hauteville, Paris.

Baratier, intendant général (cadre de réserve), 12, avenue de Villars, Paris.

Barbier (F.) **et Cie**, constructeurs de phares, 82, rue Curial, Paris.

Barris, éleveur, 4, rue Barye, Paris.

Barry (J. et F.), courtiers maritimes, 14, rue Beauveau, Marseille.

Barthélemy (marquise de), 107, Faubourg Saint-Honoré, Paris.

Bassano (le duc de), 9, rue Dumont-d'Urville, Paris.

Baudet (Théophile), fabricant d'apéritifs et de liqueurs aux sels de Vichy, Vichy.

Baudet, Donon et Cie, constructions en fer, 139, rue Saussure, Paris.

Bazile et Leenhardt, négociants en vins en gros, Montpellier et Oran (succursale).

Beau (H.) et Cie, négociants-commissionnaires, 53, rue Vacon, Marseille.

Beer (Guillaume), conseiller général de Seine-et-Oise, 34, rue des Mathurins, Paris.

Bel (Jean-Marc), ingénieur civil des mines, 4, place Denfert-Rochereau, Paris.

Bellard (Paul), 84, rue Saint-Fuscien, Amiens.

Belmann (Albert), banquier, 34, rue Taitbout, Paris.

Beneyton (Paul), ferme du Con-Voï, par Lémy (Rivière Claire), Tonkin.

Bennet et Engelsted, bois du Nord et d'Amérique, 23, rue de la Chaussée-d'Antin, Paris.

Benoît, résident général de France en Tunisie, Tunis.

Benoist (Félix), manufacturier, Reims.

Bergasse (Henry), à Marseille.

Bergasse (H.), **Aug. Francou et Cie**, Rizerie marseillaise, 79, rue Saint-Ferréol, Marseille.

Berger (Casimir) **et Cie**, filateurs-tisseurs, Rouen ; 22, rue de Tocqueville, Paris.

Bernard (Augustin), professeur de Faculté, directeur de la Revue des « Questions Diplomatiques et Coloniales », 16, rue Cassette, Paris.

Bert (Mme Paul), 12, avenue Carnot, Paris.

Bertoux (Louis), ancien notaire, à Luzy (Nièvre).

Besse, Neveux, Cabrol jeune, négociants, Antilles, Guyane, 9, allées de Chartres, Bordeaux.

Bessède (Jean), de la maison Bessède fils, négociant exportateur, 27, boulevard de la Corderie, Marseille.

Besson (D^{r}), 2, rue Sabattier, Bourges.

Besson (L.), négociant, 14, place de la Bourse, Marseille.

Bezanson (C. et G.), filateurs, Breuches, Haute-Saône.

Bichot, planteur à Vinh (Annam).

Billerey (Aug.), propriétaire, négociant en vins, Beaune (Côte-d'Or).

Billy (Charles de), conseiller référendaire à la Cour des Comptes, 56, rue de Boulainvilliers, Paris.

Binder (Henry), 49, rue Ampère, Paris.

Bischoffsheim (Maurice), 11, place des Etats-Unis, Paris.

Blanchard (D^r), professeur à la Faculté de Médecine, 226. boulevard Saint-Germain, Paris.

Blanchard (René), 164, Faubourg Saint-Honoré, Paris.

Blanchisserie et Teinturerie de Thaon-les-Vosges, blanchiment, teinturerie et impression de tissus de coton, Thaon-les-Vosges (près Epinal).

Bloc (François), éleveur, Ponérihouen, (Nouvelle-Caledonie).

Bluche (E.) **et C**^{ie}, tissage mécanique de coton, le Thillot (Vosges).

Bocuze (J.), tréfilerie d'or et d'argent, 22, 24, rue de Crillon, Lyon.

Boivin (Emile), 64, rue de Lisbonne, Paris.

Bonand (Adolphe de), 71, rue de Vaugirard, Paris.

Bonaparte (prince Roland), 10, avenue d'Iéna, Paris.

Bonnel de Mézières. explorateur, 93, rue Jouffroy, Paris.

Bonnet (Les petits-fils de C.-J.) **et C**^{ie}, fabricants de soieries, 8, rue du Griffon, Lyon.

Bonte (Auguste), planteur, Faï-Foo (Annam), 1, avenue du Square (villa Montmorency), Paris-Auteuil.

Bonzon (Alfred), agent de change, 50. rue de l'Hôtel-de-Ville, Lyon.

Bossut père et fils. négociants, Grande-Rue, Roubaix.

Bouché (Jacques), Mareuil-sur-Ay [(Marne).

Boucheron (Frédéric), joaillier, 26, place Vendôme. Paris.

Bouffier et Pravaz fils, fabricants de crêpe, 16, rue Lafont. Lyon.

Bouillier, directeur de la Banque de l'Indo-Chine, Haïphong.

Bourran frères et Cie (de), négociants en vins, 65, boulevard de Bouscat, Bordeaux.

Bourgeois, maître de conférences à l'Ecole Normale Supérieure, 19, rue de Maurepas, Versailles.

Bourgoin-Meiffre. industriel, Hanoï (Tonkin).

Bouriquet (Jules-Casimir), commis des Affaires Indigènes, à Ségou (Soudan).

Bouvais-Flon, fabricant de conserves, Nantes.

Boyer (H.-E.), ingénieur à la Société Générale, 4, cité d'Antin, Paris.

Brandenburg, négociant, 90, quai des Chartrons, Bordeaux.

Brasserie Générale du Midi : Béziers-Ruoms, Prosper Dor, agent général, 7, rue Dieudé, Marseille.

Brasserie de la Méditerranée, 22, rue Bernard-du-Bois, Marseille.

Brasserie de Tantonville (MM. Tourtel, administrateurs), Tantonville (Meurthe-et-Moselle).

Brazza (de), 23, rue Matignon, Paris.

Bréchard (Antoine), tissage mécanique de cotonnades, Roanne (Loire).

Brenier (Henri), sous-directeur du commerce de l'Indo-Chine à Saïgon.

Brindeau, député, le Havre.

Brosse (Paul Blanchard de la), Hanoï (Tonkin).

Brun (Mme J.), propriétaire en Nouvelle-Calédonie. Nouméa.

Brunellière frères (Ch. et F.), armateurs, 5. quai Ile-Gloriette, Nantes.

Buron, administrateur de la Société Générale, 60, rue Madame, Paris.

Caillet (H.-J.), ingénieur, directeur du Monorail Portatif, 39, rue Lafayette, Paris.

Caisse de liquidation et de garantie des opérations à terme sur marchandises de Roubaix-Tourcoing, 37, rue de la Fosse-aux-Chênes, Roubaix.

Calmette (D^r), directeur de l'Institut Pasteur de Lille, Lille.

Calvé (E.), armateur, 11, rue d'Avian, Bordeaux.

Calvet et Cie, agents dépositaires, 59, rue Saint-Bazile. Marseille.

Card, maison Ballande fils aîné, Nouméa.

Caron (André), directeur de la Compagnie Française Coloniale, 23, rue Taitbout, Paris.

Caron (Ernest), conseiller municipal, 80, rue Saint-Lazare, Paris.

Carpentier (J.), 99. boulevard Vauban, Lille.

Carraby, administrateur du Comptoir national d'Escompte de Paris, 114, avenue Wagram, Paris.

Carrel et Cie, tissage mécanique, tissus coton teints et écrus, cotons filés, 3, rue de la Fromagerie, Lyon.

Castries (comte Henry de), 20, rue Vaneau, Paris.

Cazalet et fils, vins, rhums et eaux-de-vie, 6, rue Reignier, Bordeaux.

Chabannes La Palice (comte Jean de), officier de marine de réserve, 24, rue Barbet-de-Jouy, Paris.

Chailley-Bert (Joseph), secrétaire général de l'Union Coloniale Française, 44, rue de la Chaussée-d'Antin, Paris.

Chalas (Adolphe), géologue, 22, rue de Tocqueville, Paris.

Challamel, éditeur, 17, rue Jacob, Paris.

Chambrelent, ingénieur, 7, rue Gounod, Paris.

Chambre syndicale de l'Union de l'Industrie cotonnière de Roanne, Thizy et la Région, 13, rue du Lycée, Roanne.

Chancerelle (Charles), fabricant de conserves alimentaires, Douarnenez (Finistère).

Chanée (Léon) et Cie, tissus pour ameublements, 25, rue de Cléry, Paris.

Chanteaud (Gustave), pharmacien, 108, r. Vieille-du-Temple, Paris.

Chantereau (Georges), comptable, Société des Ciments de l'Indo-Chine, Haïpong (Tonkin).

Charbonneaux (Emile), maître de verreries, 54, rue des Capucins, Reims.

Chaubet (J.), industriel, 7, rue Caumartin, Paris.

Chauvelon et Cie, cacaos et vanilles, 28, rue des Petites-Écuries, Paris.

Chavane (Louis), maison Ballande fils aîné, Nouméa.

Chefneux (Léon), Cie des Chemins de fer Ethiopiens, 80, rue Saint-Lazare, Paris.

Chevalier (Edmond), tissage mécanique de coton, Epinal.

Chevilliard, agent du Comptoir national d'Escompte de Paris, 52, Threadneedle street, Londres.

Chotard (Maurice), auditeur à la Cour des Comptes, 14, rue du Cherche-Midi, Paris.

Clause (Lucien), grainier-fleuriste, Brétigny-sur-Orge (S.-et-O.).

Clément (Paul), 38, rue de la Faisanderie, Paris.

Coignet (Edmond), ingénieur civil, 20, rue de Londres, Paris.

Coignet (Jean), ingénieur civil, de la maison Coignet et Cie, fabricants de colles, gélatines, phosphore, engrais, Paris, Lyon, Londres; 12, quai des Brotteaux, Lyon.

Colcombet (Alexandre), fabricant de tissus, président du Tribunal de Commerce, Saint-Etienne.

Colcombet et Cie, fabricants, Saint-Etienne.

Collet (C.), armements, affrètements, transports maritimes, constructions, achat et vente de navires. Commission et consignation de marchandises, 51, South John street, à Liverpool et Newcastle (Angleterre).

Collignon (Auguste), 27, avenue Marceau, Paris.

Collin (Louis-Léon), négociant (de la maison Marolle et Collin), 13, quai d'Austerlitz, Paris.

Comité Dunkerquois Maritime et Colonial, Dunkerque.

Commaille (Elie de), au mamelon des Pagodes, près Thaï-Nguyen, Tonkin.

de Commaille, mamelon des Pagodes, près Thaï-Nguyen, Tonkin.

Compagnie des Bateaux à vapeur du Nord, place des Nations, Dunkerque.

Compagnie des Caoutchoucs de la Casamance, 8, rue Mogador, Paris.

Compagnie des Chemins de fer de Bône-Guelma et prolongements, 7, rue d'Astorg, Paris.

Compagnie du Chemin de fer de Dakar à Saint-Louis, 19, rue Cambacérès, Paris.

Compagnie commerciale de Madagascar, 19, rue de Choiseul, Paris.

Compagnie des Constructions démontables et hygiéniques, 51, rue Lafayette, Paris.

Compagnie des Fonderies, Forges et Aciéries, Saint-Etienne.

Compagnie française pour l'exploitation des procédés « Thomson-Houston », 27, rue de Londres, Paris.

Compagnie française des Métaux (fonderies et laminoirs), 10, rue Volney, Paris.

Compagnie française du Rio-Sinu, 47, rue Cambon, Paris.

Compagnie Lyonnaise Indo-Chinoise, 12, rue du Bât-d'Argent, Lyon.

Compagnie Nantaise de Navigation, 31, rue Le Peletier, Paris.

Compagnie de Navigation mixte, 54, rue Canebière, Marseille; 19, rue Cambacérès, Paris.

Compagnie nouvelle du Sel aggloméré pour l'exportation, 28, boulevard Malesherbes, Paris.

Compagnie des ports de Tunis, Sousse et Sfax, 21, place de la Madeleine, Paris.

Comptoir des Quincailleries réunies de l'Est, à Fesches-le-Châtel (Doubs).

Comte et Pelletier, banquiers, 49, rue Laffitte, Paris.

Conilh de Beyssac (Jean), avocat, docteur en droit, 18, rue Boudet, Bordeaux.

Conty (Alexandre), secrétaire d'ambassade, Légation de France, Bruxelles.

Coquelle (Félix), négociant-commissionnaire, consul du Pérou, 13, rue Saint-Bernard, Dunkerque.

Coqueugniot, chef du service des Postes et Télégraphes du Dahomey, à Porto-Novo (Dahomey).

Cormouls-Houlès (Edouard), industriel, à Mazamet (Tarn).

Cornu, 16, rue Pigalle, Paris.

Cornu (Maxime), professeur-administrateur au Muséum, membre du Conseil supérieur de l'agriculture, 27, rue Cuvier, Paris.

Costa de Beauregard (comte Gonzague), 45, quai d'Orsay, Paris.

Couget (Georges), négociant-exportateur, 9, place du Champ-de-Mars, Bordeaux.

Coumes (L.), conseiller général, chef de la maison D. Woelcker-Coumes (manufacture de chicorée), Bayon (Meurthe-et-Moselle).

Courcelle, inspecteur des finances, directeur de la Banque de la Guadeloupe, La Pointe-à-Pitre, et à Paris, 3, rue du Mont-Thabor.

Cousin (Albert), membre du Conseil supérieur des colonies, 15, rue de Siam, Paris.

Couvert (Joannès), président de la Chambre de Commerce du Havre.

Couvert et de Goer, négociants, le Havre.

Coviaux (Louis), au Soudan.

Cressonnières (des) **frères et Cie,** négociants, 17, rue Lamartine, Lille.

Croquevielle (Georges), propriétaire, 18, rue de Siam, Paris.

Crouan (Fernand), armateur, vice-président de la Chambre de Commerce de Nantes, 81, rue de Monceau, Paris.

Cruse (Frédéric), négociant, 59 *bis*, cours du Pavé-des-Chartrons, Bordeaux.

Cuny (Henri), élève à l'Ecole des Hautes Etudes commerciales, 44, rue Dulong, Paris.

Danloux du Mesnil, Hanoï (Tonkin).

Darbon et Cie, négociants-commissaires, 34, rue du Chapeau-Rouge, Bordeaux.

Daudy (Albert), négociant à la Côte d'Ivoire, Grand-Bassam, et 25, passage Saulnier, Paris.

Daydé et Pillé, ingénieurs, 29, rue de Châteaudun, Paris.

Decron, architecte, 38, Chaussée-d'Antin, Paris.

Degrenand-Mamelin, négociant, à Nouméa.

Deguerre (André), tissage et filature, Maxonchamp (Vosges).

Dehaître (Fernand), industriel (machines spéciales pour le blanchiment, la teinture, l'impression et les apprêts), 6, rue d'Oran, Paris.

Dejoux, ingénieur en chef des travaux publics en Indo-Chine, 94, route de Saint-Leu, Enghien-les-Bains (Seine-et-Oise).

Delacre (Robert), 9, rue Bleue, Paris.

Deslandes (Maurice), Creil (Oise).

Delcassé ministre des Affaires étrangères.

Delgutte, 8, boulevard Malesherbes, Paris.

Delharpe et Bertaud, tissage de cotonnades, Roanne.

Delignon-Buffon (Lucien), 111 *bis*, rue de Courcelles, Paris.

Demange, armateur (Guyane), 11, rue Voltaire, Nantes.

De Moor (Georges), directeur-gérant de la Société cotonnière, 88, rue Cauchoise, Rouen.

Demorgny, docteur en droit, chef-adjoint du cabinet du Résident supérieur au Tonkin, Hanoï.

Denormandie (Ernest), sénateur, président du Conseil d'administration du Comptoir national d'escompte de Paris, 89, boulevard Haussmann, Paris.

Depincé (Charles), ancien résident de 1re classe au Tonkin, secrétaire général de la Société française des Nouvelles-Hébrides, 12, boulevard de Clichy, Paris.

Derobert frères et Fiard, importation-exportation, 1, rue Royet. Clos Bissardon, Lyon. — Comptoirs en Indo-Chine : Tourane, Hué, etc., etc.

Descours (A.), marchand de fer, 5, rue de Penthièvre, Lyon.

Descours-Desacres, avocat, docteur en droit, 23, rue de Lille, Paris.

Desmarais frères, industriels, 42, rue des Mathurins, Paris.

Destre-Cherpin, tisseur, fabricant de nouveautés, rue Beaulieu, Roanne.

Deutsch (Les fils de A.), industriels, 50, rue de Châteaudun, Paris.

Diamanti (Octave), directeur de la Compagnie des mines d'or de Suberbieville, 18, rue des Pyramides, Paris.

Dieusy (René-Amand), tisseur, 49, boulevard Cauchoise, Rouen.

Dinant (Frédéric), agent général du Monorail portatif Caillet, 55, rue Laugier, Paris.

Dollfus (Daniel), filateur, Belfort.

Dorget (Jules), industriel, La Longine (Haute-Saône).

Dreyfus (Géo.), commissionnaire en marchandises, 14, rue Sainte-Cécile, Paris.

Drouot (Lucien). superintendant des plantations de la Compagnie des mines d'or des Daries, Cana (Colombie), viâ Panama.

Dubois et Nicolle, constructeurs en fer, 7 à 13, rue Saint-Amand, Paris.

Dubois (Marcel), professeur de géographie coloniale à la Sorbonne, 76, rue Notre-Dame-des-Champs, Paris.

Du Buit (Paul), 27, rue de la Faisanderie, Paris.

Ducoté et Côte, fabricants de soieries, 6, Grande rue-des-Feuillants, Lyon.

Dufilhol, président de la Société Bretonne de géographie, Lorient.

Dumarest et fils, à Roanne (Loire).

Dumarest et fils. à Saigon (Indo-Chine).

Dupré (Henry). de la maison Jules Dupré et fils, négociant-commissionnaire. 15, rue des Arcades. Marseille.

Durand (Ad.) **et Renault** (O.). charbons et briquettes, 1, quai Jean-Bart. Nantes.

Duthoya (Louis), contrôleur des douanes et régies de l'Indo-Chine, Saïgon.

Ecole libre des Sciences politiques, 27, rue Saint-Guillaume, Paris.

Engel (Eugène), industriel, 48, avenue Victor-Hugo, Paris.

Epitalon (Jean-Marie), fabricant de rubans, Saint-Étienne.

Erhard (Victor), tissage, Rougemont-le-Château (territoire de Belfort).

Escande (Armand), éleveur, Nouméa (Nouvelle-Calédonie).

Escarpit (Gabriel), négociant, président de la Chambre de commerce de Rufisque (Sénégal).

Espagnat (Pierre d'), 1, rue Juliette-Lamber, Paris.

Espagne (H.), 51, rue Saint-Remi, Bordeaux.

Establet, directeur des câbles, Kotonou (côte occidentale d'Afrique).

Estier frères, armateurs, traverse de la Joliette, Marseille.

Etienne (Eugène), député, président du « Groupe Colonial », 67, avenue d'Antin, Paris.

Eugster (Marc-Fidèle), propriétaire, Dijon.

Even, maire de Dinan (Côtes-du-Nord).

Evenas (Pierre), docteur en droit, avocat défenseur près la Cour et Tribunaux, Nouméa.

Eyrolles, ingénieur, directeur de l'Ecole spéciale de Travaux publics, 12, rue du Sommerard, Paris.

Fanton (Francis), négociant, vins et spiritueux, 22, cours Louis-Proust, Paris-Bercy.

Farcot (Paul), ingénieur-constructeur, Saint-Ouen (Seine).

Faucher (Félix), 7, rue de la Trésorerie, Bordeaux.

Fauquet-Lemaître, manufacturier, Rouen.

Faure, ancien conseiller général, administrateur de la Banque du Sénégal, Saint-Louis.

Faure, ingénieur des mines, 94, avenue Henri-Martin, Paris.

Favard (Clément), ingénieur, Djibouti (côte orientale d'Afrique) et 28, rue de Belzunce, Paris.

Fayol (Léon), agent de change, courtier maritime et d'assurances, Dunkerque (Nord).

Feillet (P.), gouverneur de la Nouvelle-Calédonie, Nouméa.

Filature de la Gosse (Société anonyme), cotons d'Egypte, Epinal.

Fleuriot (L.), négociant-commissionnaire (Guyane française, la Réunion, les Antilles), 13, rue Dobrée, Nantes.

Florent (Paul), fabricant de réglisse, 22, r. des Encans, Avignon.

Foá (Edouard), explorateur, 51, avenue des Champs-Elysées, Paris.

Foiret, ingénieur, 27, rue Claude-Vellefaux, Paris.

Fontaine frères et Vaillant, quincaillerie, 181, rue Saint-Honoré, Paris.

Forest (J.) **et Cie**, fabricants de rubans, Saint-Etienne, Lyon, Alger, Tunis.

Foret (Pierre), colon, Than-Hoa (Annam) et à Paris, 126, rue de Rivoli.

Forquenot (Louis-Léon-Joseph), ingénieur civil des mines, 1, rue des Basserons, Montmorency (Seine-et-Oise).

Forthomme, tisseur, fabricant de nouveautés, Gruchet-le-Valasse (Seine-Inférieure).

Fould et Cie, 30, rue du Faubourg-Poissonnière, Paris.

Fournier (Gaston), propriétaire, 43, rue d'Amsterdam, Paris.

Franconie, attaché à la Banque de France, 74, rue Blanche, Paris.

Fraysse (Monseigneur), vicaire apostolique de la Nouvelle-Calédonie.

Freissinet de Bellanger (marquis), 94, boulevard Flandrin, Paris.

Frémy (Lucien), conseiller général, maire de Chalonnes-sur-Loire (Maine-et-Loire).

Froidevaux, secrétaire de l'Office Colonial de la Sorbonne, 12, rue Notre-Dame-des-Champs, Paris.

Fullet, propriétaire à Nakéty (Nouvelle-Calédonie).

Galland et fils, tissage, Remiremont.

Ganay (comte André de), 9, avenue d'Antin, Paris.

Ganay (comte de), 9, avenue de l'Alma, Paris.

Garenne (Albert), lieutenant d'infanterie de marine hors cadre, Fort-Dauphin (Madagascar).

Garnier (Gustave), employé à la Banque de l'Indo-Chine, Saïgon, Cochinchine.

Garnier, Thiébaut frères, manufacturiers, Gérardmer.

Gatzert aîné, importation-exportation, Marseille (succursale à Saïgon).

Gaudet (Léon), chez MM. Maurel et Prom, 5, rue d'Orléans, Bordeaux.

Gauthier (Antoine), vice-président de la Chambre de Commerce de Saint-Etienne.

Gauthier (Antoine), fabricant de rubans, 10, rue Mi-Carême, Saint-Etienne.

Gauthier (F. et P.), minotiers, 4, boulevard du Nord, Marseille.

Gautier (Louis), au château de Plantin, Chasselay (Rhône).

Gautier, propriétaire, château de Pierrefitte, Laroche-Millay (Nièvre).

Gay (Joseph), ancien conseiller d'Etat, vice-président du Conseil d'administration de la Banque de l'Indo-Chine, 2, rue Saint-Thomas-d'Aquin, Paris.

Geisenheimer, négociant, 39, boulevard Haussman, Paris.

Geistodt-Kiener et Cⁱᵉ, manufacturiers, tissus de coton, Epinal.

Géliot (Henri), manufacturier, Remiremont.

Georges (Albert); agriculteur, domaine de M. Cadillac, Sebikotane par Rufisque (Sénégal).

Georgi (P.), exportateur-importateur, 30, rue Baudin, Paris.

Gérard (A.), ingénieur des mines, 21, boulevard Saint-Germain, Paris.

Gérard (J.-G. et P.)**frères**, négociants, 60, rue Grignan, Marseille. — Agences : Martinique et Guadeloupe.

Germain frères, tissage de calicot, Ventron (Vosges).

Germain-Willig (V.), industriel, Thaon-les-Vosges.

Giard (Albert), ferme du Con-Voï, par Lémy (rivière Claire), Tonkin.

Gimpel (E.), associé de la maison N. Lévy et Cⁱᵉ, 43, rue du Rocher, Paris.

Giraud (Jules), Société des soufrières de Vanua-Lava, Nouvelles-Hébrides.

Girault (Arthur), professeur agrégé à la Faculté de droit, 7, rue de Penthièvre, Poitiers.

Girod (Pierre), associé de la maison de Neuflize et Cⁱᵉ, 4, avenue Hoche, Paris.

Girval (Albéric de), lieutenant au 3ᵉ régiment de chasseurs d'Afrique, Constantine (Algérie).

Godefroy (Joseph), 176, boulevard Saint-Germain, Paris.

Godefroy-Lebeuf, horticulteur, 4, impasse Girardon, Paris.

Godet (Ernest), bijoutier, 6, boulevard Poissonnière, Paris.

Godet (F.), ingénieur, 22, rue de Tocqueville, Paris.

Gondran fils et Cⁱᵉ, négociants-distillateurs, 6, rue Ventomagi, Marseille et Paris.

Gonse (Henry), 1, rue de la Planche, Paris.

Gosme (A.), négociant en laine, Reims.

Goury du Roslan (baron), 27, avenue des Champs-Elysées, Paris.

Goury du Roslan (Jules), conseiller référendaire à la Cour des Comptes, 9, avenue de Messine, Paris.

Grammont (A.), industriel, 19, quai de Retz, Lyon.

Grands Moulins de Corbeil, 6, rue du Louvre, Paris.

Grégoire (R.), architecte, 76, rue des Saints-Pères, Paris.

Griffon (Louis), 3, passage de Grenelle. Paris.

Gros (Fernand), filateur, Remiremont (Vosges).

Grosclaude (Etienne), homme de lettres. 15, rue de la Paix, Paris.

Grosse (Emile), manufacturier, Roanne.

Groupe colonial de l'Ecole d'Agriculture de Montpellier.

Guerne (baron Jules de), 6, rue de Tournon. Paris.

Guerry-Duperay, manufacturier, Roanne.

Guichard (Robert), 38, quai de Billy, Paris.

Guillain, député, ancien ministre des Colonies, 55, rue Scheffer, Paris.

Guimet (Emile), fabricant de bleu d'outremer, usines à Fleurieu-sur-Saône (Rhône) et Dôle (Jura). Comptoir à Lyon, 1, place de la Miséricorde.

Guinet (Antoine) **et C**ie, fabricant de soieries. 31, rue Puits-Gaillot, Lyon.

Gustin-Stoll (H.) **et Daguzan**. négociants (consulat de Belgique), Saint-Nazaire.

Haffner-Pinot (G.), tissage, Fresse-Thillot (Vosges).

Halfon (Salomon), administrateur délégué, de la Compagnie générale Transatlantique, 86, boulevard Malesherbes, Paris.

Hallez d'Arros (comte), publiciste, Société anonyme coloniale du Haut-Como, 39, rue de Châteaudun, Paris.

Haron (Emile), courtier-juré d'assurances près la Bourse du Havre, Le Havre.

Hartmann (André), manufacturier, 18, rue de Courcelles, Paris.

Hartmann (veuve Michel), tissage mécanique, Epinal.

Haussmann, 12, rue Pereire, Saint-Germain-en-Laye (S.-et-O.).

Heim (Frédéric), 34, rue Hamelin, Paris.

Henry (J.-A.), fabricant de soieries, dorures et broderies, 2, quai de Retz, Lyon.

Henry (René), ingénieur civil, 46 *bis*, rue de la Madeleine, Noisy-le-Sec (Seine), et 207, faubourg Saint-Martin, Paris.

Heyndrickx. Noufflard et Cie, manufacturiers, Roubaix, et 1, rue du Mail, Paris.

Holden (Jonathan), industriel, Reims.

Hollier (L.), négociant, 97, rue Saint-Lazare, Paris.

Homberg (André), inspecteur des Finances, directeur des Finances à Madagascar, 1, place Pereire, Paris.

Homberg (Octave), administrateur de la Banque de l'Indo-Chine. 18, rue Murillo, Paris.

Hôpital frères, industriels, 70, rue Boileau, Lyon.

Hôtel Continental, 3, rue de Castiglione, Paris.

Hùbert (Paul), Compagnie Franco-Malgache, Hell'Ville, Nossi-Bé, Madagascar.
Hulot (baron), secrétaire général de la Société de Géographie de Paris, 80, rue de Grenelle, Paris.

Imberton et Cie (A.), négociants-commissionnaires, 96, faubourg Poissonnière, Paris.
Isaac (Auguste), négociant, vice-président de la Chambre de Commerce, 1, rue de la République, Lyon.
Isay, Bechmann, Zeller et Cie, manufacturiers, Blamont (Meurthe-et-Moselle).

Jasseau (René), vins et spiritueux, Podensac (Gironde).
Jay (S.), fabricant de gants (conseiller général de l'Isère, conseiller municipal de Grenoble), 10, avenue Alsace-Lorraine, Grenoble.
Joary (Paul Henri), clerc de notaire, à Corné (Maine-et-Loire).
Johannot et Cie, fabricants de papiers, Annonay.
Jore, Cardon et Cie, industriels, Rouen.
Josse (Adrien), administrateur de la Cie Française Coloniale et Industrielle, Paris. 8, Côte Saint-Thibault, Bois-Colombes (Seine).
Joya (J.), constructeur de grosse chaudronnerie, Grenoble.
Juillard et Mégnin, tissages mécaniques de coton, Epinal.
Jullien frères, drogueries pour exportation, 5, rue Nationale, Marseille.

Kahn, Lang (A.-V.) **et Cie**, industriels, Epinal.
Kampmann, fabricant de chapeaux de paille, Epinal.
Karsenty (J.), de la maison J. et B. Karsenty, fils et Cie, Marseille.
Keittinger et fils, fabricants d'indiennes, 36, r. du Renard, Rouen.
Kergorlay (Le comte Pierre. de), 9, rue Nitot, Paris.
Kiener (Roger), tissage et filature, Eloyes (Vosges).
Kœchlin (Georges) **et Cie**, filature de coton peigné, Belfort.
Kœchlin et Cie (Les successeurs de Fritz), tissage de coton, Ramonchamp (Vosges).
Kœhler-Aubian, agent maritime, 5 *bis*, allées de Chartres, Bordeaux.
Kullmann et Cie, tissage, Epinal et Mulhouse.

Labordère (Marcel), 9, rue de l'Université, Paris.
Labosse (Lucien), consul de France à Port-Tenfick, Suez (Egypte), et 10, rue d'Alger, Paris.

Lacombe (Emile), négociant, membre de la Chambre de Commerce de Cette, Mèze (Hérault). — Succursale à Valence (Espagne).

Laedrich (Charles) **fils et C**ie, filature et tissage, Epinal.

Lafaulotte (de), 129, avenue des Champs-Elysées, Paris.

Laffitte (Jean-Paul), publiciste, 18, rue Jacob, Paris.

Lagache (Julien), fabricant de tissus, Roubaix.

Lainé (E.), de la Maison Prévost et Cie, négociants en laine, Reims.

Lamaizière, représentant de la maison A. Teste, Moret et Cie. tréfilerie et porteurs aériens, 21, rue de Londres, Paris.

Lang (Emile), négociant, Remiremont.

Langstaff, Ehrenberg et Pollak, armements, affrètements, transports maritimes, constructions, achat et vente de navires, Londres, le Havre, Liverpool, 12 et 14, rue d'Enghien, Paris.

Lardet, négociant en vins, Mâcon.

Larroque, président de la Société française de Bienfaisance, Liège (Belgique).

Lasserre (Albert), 50, rue François-Ier, Paris.

Lasserre (R.), représentant de commerce, 137, rue de la Gare, Bordeaux.

Latham (Richard-Edmond), négociant, le Havre.

Latrille (J.) fils, négociant, 21, quai de Brienne, Bordeaux.

Launay (Pierre), avoué, 1, rue de la Banque, Paris.

Laurette et Ambroise, transports et frets, 53, Faubourg-Poissonnière, Paris.

Laveissière et Chamont, manufacturiers. Deville-lès-Rouen (Seine-Inférieure).

Lawless (Joseph-Henry), planteur en Indo-Chine, 158, boulevard Malesherbes, Paris.

Layet (P.), **de Gastau et C**ie, armateurs, 15, rue Montée-des-Accoules, Marseille.

Lebaudy (Pierre), 12, place Vendôme, Paris.

Leblanc (S.), à Pnom-Penh (Cambodge).

Le Bret (Mme Paul), 148, boulevard Haussmann, Paris.

Le Bret (Robert), avocat à la cour d'appel de Paris, 2, avenue Marceau, Paris.

Lecacheux (Louis), planteur, ferme de Con-Voï, par Lémy (Rivière Claire), Tonkin.

Le Clerc (Edouard), publiciste, 5, rue de l'Odéon, Paris.

Le Coat de Kervéguen (comte), propriétaire, 20, boulevard Latour-Maubourg, Paris.

Le Corbeiller (L.), 6, avenue Jacqueminot, à Meudon.

Lefebvre (Georges), Compagnie Coloniale d'exportation, 58, rue Taitbout, Paris.

Lefèvre-Utile, fabricant de biscuits, Nantes.
Legrand (Max), distillateur, Tilques, par St-Omer (Pas-de-Calais).
Lelarge (F.), propriétaire, Reims.
Lelarge (Pierre), industriel, 8, rue des Trois-Raisinets, Reims.
Le Myre de Vilers, député, 3, rue Cambacérès, Paris.
Lenormand, Résident en Annam-Tonkin, 8, rue Truffaut, Paris.
Lesca (J.-H.), négociant, 120, avenue des Champs-Elysées, Paris.
Leseur (Paul), professeur de législation coloniale à la Faculté
  de droit de l'Université, 4, boulevard Raspail, Paris.
Lestienne frères et fils, négociants en tissus, 60, rue Neuve,
  Roubaix.
Letroteur, industriel, Viry, par Chauny (Aisne).
Levat (D.), ingénieur civil des mines, 174, boulevard Malesherbes,
  Paris.
Leverd (G.), courtier juré d'assurances près la Bourse de Paris,
  11, place de la Bourse, Paris.
Leverdier (Georges), filateur, 8, boulevard Cauchoise, Rouen.
Lezongar (Alphée), agent principal de la Maison Devès et Chau-
  met, Saint-Louis (Sénégal).
Lilienthal (S.), négociant, 13, quai de l'Est, Lyon.
Liencourt (de), 122, rue de Grenelle, Paris.
Limairac (Bernard de), château d'Ardus, près Montauban (Tarn-
  et-Garonne).
Loiseau et Barral, bananerie française des rivières du Sud, le
  Havre, Konakry.
Lombard, président de la Chambre d'Agriculture d'Annam, 39,
  rue Alphonse-de-Neuville, Paris.
Lutscher (François), 77, rue de Monceau, Paris.
Lyautey (colonel), commandant supérieur du Sud, Fianarantsoa
  (Madagascar).

Mabile ((Valère), à Mariemont (Belgique).
Maclaud (docteur), administrateur des colonies à Timbo (Guinée).
Madrolle (Claudius), explorateur, 52, rue de Sablonville, Neuilly-
  sur-Seine.
Magré (Aug.). importateur de vanilles, 9, quai de la Fosse, Nantes.
Maillet (G.) **frères, Huguet et Cie**, manufacture de parapluies et
  ombrelles, 3, rue Sainte-Catherine, Lyon.
Maintz et Cie, négociants (Indes néerlandaises), 28, rue Saint-
  Georges, Paris.
Maistre (Jules), manufacturier (draperie), Villeneuvette (Hérault).
Maitre (Jean), ingénieur des mines aux Forges de Morvillars
  (Haut-Rhin).

Majoux (Georges), consul de Bolivie, chef-adjoint du service maritime de la Société de Denain et d'Anzin, 12, quai de la Visite, Dunkerque.

Malglaive (Maurice de), 43, rue de l'Université, Paris.

Mallen, Théric et Cie, minotiers, 17, rue Saint-Dominique, Marseille.

Mallet (le baron), régent de la Banque de France, 37, rue d'Anjou, Paris.

Mallet (Ernest), banquier, 103, rue de la Boëtie, Paris.

Malon, 24, rue Marbeuf, Paris.

Mange (Emile), minotier, 41, boulevard Magenta, Paris.

Mange (Frédéric), minotier, 41, boulevard Magenta, Paris.

Mante, Legré et Cie, 8, rue de l'Arsenal, Marseille.

Marchal (Jules) **et C**ie, filateurs, Saint-Dié.

Marchand (Louis), commissionnaire en marchandises, 23, rue des Petits-Hôtels, Paris.

Marcou (Georges), industriel diplômé de l'Institut commercial et industriel, 69, avenue de la Grande-Armée, Paris.

Marcou (Paul), docteur en droit, constructeur mécanicien, 69, avenue de la Grande-Armée, Paris.

Marrel (Charles), maître de forges, membre de la chambre de commerce de Saint-Etienne, Rive-de-Gier (Loire).

Marrel frères, maître de forges, Paris, Marseille, Rive-de-Gier (Loire).

Martin (René), à Joinville-le-Pont (Seine).

Martourel (G.), fabricant de serrures et ferronneries, 12, cours Saint-Paul, Saint-Etienne.

Mathée (R.), employé du syndicat industriel français de l'Indo-Chine, 10, quai Francis-Garnier, Saïgon (Cochinchine).

Mathon et Dubrulle, fabricants de tissus, Tourcoing.

Maury (Arthur), philatéliste, 6, boulevard Montmartre, Paris.

Mausencal (Henri), président du tribunal de Tamatave (Madagascar).

Mayence (Léon), agent de publicité, 18, rue Grange-Batelière, Paris et Londres.

Meiffre (H.), **Bourgoin** (H.) **et C**ie, briquetterie et céramique, Hanoï (Tonkin).

Mellier (Lucien), 28, rue de Grammont, Paris.

Ménagé (James), agriculteur, Mananzary (Madagascar).

Mengeot (Albert), sous-directeur de la maison Fenaille et Despeaux, 85, cours Victor-Hugo, Bordeaux.

Menier, fabricant de chocolat, 56, rue de Châteaudun, Paris.

Ménudet (E.), tourneur sur métaux, 104, boulevard des Dames, Marseille.

Méré de Chantilly, pharmacien à Orléans, 31, faubourg Bourgogne.

Mesnier, administrateur délégué de la Société d'affrètement et de commissions, 39 *bis*, rue de Châteaudun, Paris.

Michel (Charles), 37, rue de Ponthieu, Paris.

Michelin (André), ingénieur, 105, boulevard Pereire, Paris.

Mieulle (Maurice de), membre du Conseil d'administration de la Société de Commentry-Fourchambault, 15, rue Lamennais, Paris.

Milhe-Poutingon (Albert), docteur en droit, directeur de la *Revue des Cultures coloniales*, 11, rue des Parisiens, Asnières.

Mirabaud Puerari et Cie, banquiers, 56, rue de Provence, Paris.

Monchicourt et Geisenheimer, fabricants de produits chimiques, 84, rue de Crimée, Paris.

Monicault (Gaston de), 127, boulevard Haussmann, Paris.

Monnier (André), 7, rue Albert-Jolly, Versailles.

Montebello (comte Adrien de), député, 30, rue Boissière, Paris.

Montgolfier (Félix de), fabricant de papiers, Saint-Marcel-lès-Annonay.

Montplanet (Albert de), ancien inspecteur général des Finances, président de la Société générale de crédit industriel et commercial, 66, rue de la Victoire, Paris.

Montureux (vicomte de), secrétaire général du Syndicat agricole des Colons Français en Tunisie, 34, rue de Chaillot, Paris.

Morache (Emile), agent de la Société française des Nouvelles-Hébrides; Vila, île Vaté (Nouvelles-Hébrides).

Moreau (Edmond), 17, rue de Milan, Paris.

Moreau (G.), **A. Daniel et Lebec**, négociants-commissionnaires, 6, rue Athénas (square de la Monnaie), Nantes. — Oran, île Maurice (comptoirs),

Morel, résident supérieur au Tonkin, Hanoï.

Moret (J.-Edmond), 49, rue Laffitte, Paris.

Moriceau, administrateur à Majunga, Madagascar.

Motte (Jean), laiterie modèle à vapeur, lait stérilisé, beurre fin château de Saint-André, par Cailly (Seine-Inférieure).

Motte-Bossut fils, industriel, Roubaix.

Motte et Bourgeois, teinturiers-apprêteurs, Roubaix.

Motte (Alfred) **et Cie**, peigneurs de laine, Roubaix.

Motte (les fils d'Alfred), fabricants d'articles coton, coutils, velours, guipures, rue Molière, Roubaix.

Motte (Alfred) **frères**, filateurs de laine, Roubaix.

Motte (Etienne) **et Cie**, filateurs de coton, rue d'Alger, Roubaix.

Mougel-Humbert-Claude, filature et tissage mécaniques, la Bresse (Vosges).

Moulinier (G.), pharmacie Paire, à Cherchell (Algérie).
Mumm (Jules) **et C**ie, négociants en vins de Champagne, Reims.
Mura (Camille), de la maison Boucher, Mura et Cie, Ronchamp (Haute-Saône).
Mutschler, importateur de vanilles, rue Carnot, Lorient.

Nalèche (de), directeur du *Journal des Débats*, 17, rue des Prêtres-Saint-Germain-l'Auxerrois, Paris.
Naquet (Gustave), président du Tribunal de commerce, Avignon.
Nasse (Th.), viticulteur-propriétaire, Campagne-d'Armagnac (Gers).
Neuflize (de) et Cie, banquiers, 31, rue Lafayette, Paris.
Nicol (François), administrateur directeur du Comptoir colonial français, 54, rue des Petittes-Ecuries, Paris.
Nivière, officier en retraite, importateur, 5, r. d'Angoulème, Paris.
Noailles (vicomte de), 43, rue de l'Université, Paris.
Noguès (E.), agent maritime, président honoraire de la Chambre de commerce française d'Anvers, 2, rue Baudin, Paris.
Nonneville (vicomte de), capitaine au 135e de ligne, 4, rue Paul-Bert, Angers.
Nony, éditeur, 22, boulevard Saint-Germain, Paris.
Noufflard (Charles), docteur en droit, chef de la section du Commerce à l'*Office Colonial*, président de la *Ligue coloniale de la Jeunesse*, 8, boulevard Flandrin, Paris.
Nouvian (A.), imprimeur, 96, rue du Bac, Paris.
Nouvion, directeur de la Banque du Sénégal, Saint-Louis.
Nugue, quincaillier, Trilport (Seine-et-Marne).
Nusse (Lucien), fondé de pouvoirs de courtier-juré d'assurances, 1, rue de Lille, Paris.

Oberthür (René), de l'imprimerie Oberthür frères, Rennes.
Olivier (Louis), docteur ès sciences, directeur de la *Revue générale des Sciences pures et appliquées*, 22, rue du Général-Foy, Paris.
Ollié (P.), à Béziers (Hérault).
Omnium colonial français, 2, rue Pasquier, Paris.
Oppenheimer frères, négociants-importateurs, 21, rue de Cléry, Paris.
Ott (Alfred), courtier de change à la Bourse de Paris, 54, rue de Rome, Paris.

Pageot (Gaston), 72, rue de Monceau, Paris.

Pâris, président de la chambre d'agriculture de Cochinchine, 87, boulevard Saint-Michel, Paris.

Paris (Camille), planteur et négociant à Quinhon (Annam).

Pâris de Bollardière (R.), capitaine d'infanterie de marine, détaché à l'Ecole supérieure de Guerre. 23, avenue de Breteuil, Paris.

Pasquier (F.), 1, passage Félibien, Nantes.

Paufique (Martial), ingénieur-constructeur, 3, rue du Peyrat. Lyon, et Paris.

Pector et Ducout jeune, négociants-commissionnaires, 3, rue Rossini, Paris.

Pellerin et Cie, fabricants d'images, 14, quai de Juillet, Epinal.

Pelloux père, fils et Cie, Société des ciments Portland du Valbonnais, Grenoble.

Penet (Joseph), docteur en droit, sous-chef de bureau chargé du secrétariat du contentieux des chemins de fer P.-L.-M., 203 bis, boulevard Saint-Germain, Paris.

Perceval (Lucien de), président du conseil d'administration des distilleries Bugnot-Colladon et Boulet réunies, 35, rue du Champ-des-Oiseaux, Rouen.

Pereire (Henry), ingénieur, administrateur de la compagnie des chemins de fer du Midi, 33, boulevard de Courcelles, Paris.

Perier (Ferdinand), de la maison Perier, Mercet et Cie (banquiers), 59, rue de Provence, Paris.

Pérignon (baron), à Phan-rang (Annam).

Perrier (Edmond), directeur du Muséum d'histoire naturelle, membre de l'Institut, 57, rue Cuvier, Paris.

Perrier et Cie (Gabriel), négociants en vins de Champagne, Châlons-sur-Marne.

Perrin (les héritiers de Georges), manufac., Cornimont (Vosges).

Pesnel, planteur de café, Nakéty (Nouvelle-Calédonie).

Peters (Victor), filature, Nomexy-Châtel (Vosges).

Philippart (Fernand) **et Cie**, commissionnaires-exportateurs, 9, place du Champ-de-Mars, Bordeaux.

Picon (G.). **et Cie**, fabricants, 9, boulevard National, Marseille.

Picot (Georges), membre de l'Institut, président du Syndicat agricole des colons français en Tunisie, 54, rue Pigalle, Paris.

Piéron (Paul), colon, à Chassart Tefaha, par Medjez-el-Bab (Tunisie).

Pierson (J. et O.-G.), ingénieurs, 54, faub. Montmartre, Paris.

Pignatel (Victor), 33, avenue des Champs-Elysées, Paris.

Piguet et Cie, ingénieurs-constructeurs, machines à vapeur. 25, rue de Saint-Cyr, Lyon.

Pinguet (Maurice), 22, rue Pierre-Charron, Paris.

Pinot (Edouard), tissages, Rupt-sur-Moselle (Vosges).

Piolet (R. P.), 7, rue de Madrid, Paris.

Pivert (Alphonse-Marie), propriétaire, Gennevilliers (Seine).

Plassard (Jules), président de la Société auxiliaire de colonisation française à Madagascar, 62, rue La Boëtie, Paris.

Poirrier (A.), sénateur, 2, avenue Hoche, Paris.

Pollet (César et Joseph), fabricants de tissus, Roubaix.

Pommery fils (veuve) **et Cie**, nég. en vins de Champagne, Reims.

Pommier (B.), négociant-commissionnaire, Cette.

Poncet (C.), négociant en soieries, place Tolozan, Lyon.

Ponnier (Vincent), filature et tissage, Senones (Vosges).

Postel-Vinay (André), ingénieur-constructeur, 41, rue des Volontaires, Paris.

Potin (maison Félix), exportateurs, fabricants de produits alimentaires, 29, rue Palestro, Paris.

Potin (Paul), négociant, 47, boulevard Malesherbes, Paris.

Poulenc frères, fabricant de produits chimiques, 92, rue Vieille-du-Temple, Paris.

Poullot (Jules), manufacturier, président de la chambre de commerce, Reims.

Pozzi (Dr), sénateur, 47, avenue d'Iéna, Paris.

Prevel (H.), entrepreneur, 9, rue Saint-Paul, Paris.

Prevet et Cie, 48, rue des Petites-Ecuries, Paris.

Prince (Amédée), négociant-commissionnaire, 34, rue de Provence, Paris.

Propper (Emmanuel), banquier, 12, avenue d'Antin, Paris.

Prud'homme (Georges), négociant en quincaillerie, 49, boulevard Richard-Lenoir, Paris.

Puget (Adolphe), négociant, 4, rue Saint-Jacques, Marseille.

Querhoënt (J. de), négociant, vice-président de la chambre de commerce, Le Havre.

Quesnel jeune, tissage mécanique, à Rouen.

Rabaud (F.), président de la chambre de commerce de Saint-Louis (Sénégal).

Rabaud et Cie, négociants-commissionnaires, 2, place Michel, Bordeaux.

Rachel (veuve), **Martin Ragot et fils**, négociants-commissionnaires, esplanade Cérès, Reims.

Raffard (Marcel), ingénieur des arts et manufactures, 62, rue de Courcelles, Paris.

R. Raguet et R. Vignes, manufacture de bonneterie et de ganterie, 29, boulevard du 14 Juillet, Troyes.

Rautlin de la Roy (R. de), ingénieur civil, ancien élève de l'Ecole des Ponts et Chaussées, 20, rue d'Edimbourg, Paris.

Réaulx (le marquis des), 81, rue de Grenelle, Paris.

Redelsperger (Jean), ferme du Con-Voi, par Lémy (rivière Claire), Tonkin.

Regoin (A.), planteur à Bambao (iles Comores), et château de Rouvraye, Montauban-de-Bretagne (Ille-et-Vilaine).

Rembielenski (comte), 17, quai Voltaire, Paris.

Renauld et Cie, banquiers, Nancy.

Renouard, 49, rue Mozart, Passy-Paris.

Revue commerciale et coloniale, 10, rue Saint-Christoly, Bordeaux.

Ribes (Stéphen), administrateur de la Société française de Commerce et de Navigation à Madagascar, 30, rue de Grammont, Paris.

Ricard et Achard, fabrique d'indiennes, Toulouse.

Richard (Octave), officier de marine, à Farafangana, Madagascar.

Richardson, planteur, An-Diem (Annam).

Richemond (Philippe), administrateur délégué de la Cie générale Franco-Malgache, 6, rue Edouard-Detaille, Paris.

Ricord fils et Cie, négociants, 7, quai du Canal, Marseille.

Rigaut (Eugène), ingénieur civil, 18, rue Mabillon, Paris.

Rime (Alfred), 31, faubourg Madeleine, Orléans.

Risler (Eugène), directeur de l'Institut agronomique, 106 *bis*, rue de Rennes, Paris.

Rispal (Auguste), député, marchand de fer, le Havre.

Rivière (Charles), directeur du Jardin d'essai du Hamma, Alger.

Rivoire (M. et P.) fils, négociants, 73, rue Sylvabelle, Marseille.

Robert (Gustave), 12, rue de Seine, Paris.

Robillard (Alexis), 62, avenue Aubert, Vincennes.

Robin, Rondel et Cie, banquiers, Marseille; Lyon, 41, rue de l'Hôtel-de-Ville.

Ródel (Albert), industriel, 29, rue Verguiaud, Bordeaux.

Rœderer (Jules), membre de la Chambre de commerce, conseiller général de la Seine-Inférieure, 6, rue Casimir-Perier, Le Havre.

Roels (Edgar), publiciste, 13, rue Laffitte, Paris.

Roger (C.), négociant en tissus, La Fère-en-Tardenois, Aisne.

Rolland, ingénieur des mines, président du Syndicat « d'Ouargla, au Soudan », 60, rue Pierre-Charron, Paris.

Rostand (Bruno), administrateur de la Société commerciale de Port-Saint-Louis-du-Rhône, 63, rue Taitbout, Paris.

Rostand (Jules), banquier, 66, rue de la Chaussée-d'Antin, Paris.

Rouet (Jean), planteur, domaine du Con-Voï, poste Viétri, Tonkin.
Rousselin, Legrand et Marc, négociants, Rouen.
Rousset frères, à Blois (Loir-et-Cher).
Roussin, commissaire général de la marine en retraite, 11 *bis*, avenue Mac-Mahon, Paris.
Rouville (Henri), ingénieur en chef des ponts et chaussées, 16, avenue du Trocadéro, Paris.
Roy frères, manufacturiers et négociants en tissus de coton pour les colonies françaises, 38, rue des Jeûneurs, Paris. — Maisons à Rouen et Manchester; tissage au Petit-Quévilly et dans les Vosges.
Roy (Gustave), ancien président de la Chambre de commerce, membre consultatif des Arts et Manufactures, 12, rue de Tilsitt, Paris.
Ruault (Léon), ferme du Con-Voï, par Lémy (Tonkin).
Ruis (A.), 4, rue du Bac, Paris.

Sabail (D^r), 14, place de la Portéte, Tarbes (Hautes-Pyrénées).
Saint-Pierre (René), vice-consul de France honoraire, Shanghaï (Chine).
Sageret (Jules), 70, avenue de Breteuil, Paris.
Sahler (Léon), filateur et tisseur, Audincourt (Doubs).
Sahler-Courant, filateur et tisseur, Montbéliard (Doubs).
Saint-Seine (le marquis de), 151, boulevard Haussmann, Paris.
Sainte-Marie (comte de). successeur de B. Trayvon, usines de La Mulatière, près Lyon.
Salle et Cie (H.), droguistes, 4, rue Elzévir, Paris.
Salles (E.), courtier maritime. 18, rue Beauveau, Marseille.
Sambain, conseiller privé, ancien président de la Chambre de commerce, Saint-Louis.
Sargos frères et Destephen, négociants, Mimizan (Landes). maison à Loango (Congo français).
Saugy (Louis de), Tourane (Annam).
Saumery (D. de), négociant-commissionnaire, 38, rue de la Bourse, le Havre, et Habitation Nogent, par Sainte-Rose (Guadeloupe).
Saurin (Jules), professeur et colon, 4, avenue de Paris, Tunis.
Schefer (Christian), professeur à l'École des Sciences politiques, 51, rue Scheffer, Paris.
Scheurer-Lauth et Cie, manufacturiers, 11, rue d'Uzès, Paris, et Thann (Alsace).
Schlumberger, premier secrétaire d'ambassade, 49, rue de La Boétie, Paris.

Schottlaender, négociant, 6, place des Terreaux, Lyon.

Schwartz, Antuszewicz et Cie, filateurs, Remiremont.

Schwenk (Ad.), fabricant de perles et verroteries, 57-59, rue Réaumur, Paris.

Schwob frères, filateurs et tisseurs, Héricourt (Haute-Saône).

Schwob (Maurice), rédacteur en chef du *Phare de la Loire*, Nantes.

Sem (Edouard), courtier, 55, rue de la Côte, le Havre.

Semallé (m   te de), premier secrétaire d'ambassade, 16 *bis* avenue Bosquet, Paris.

Serène et Cie (B.), 45, rue Saint-Bazile, Marseille.

Servel (L.) **et fils**, armateurs, 10, rue Lafon, Marseille.

Seydoux et Cie, manufacturiers, 23, rue de Paradis, Paris.

Siegfried (Ernest), président du Syndicat cotonnier, le Havre.

Siegfried (J.), sénateur, ancien ministre du Commerce et des Colonies, 226, boulevard Saint-Germain, Paris.

Silhol (commandant Louis), 69, *rue de Courcelles*, Paris.

Simiand, Compagnie des Mines d'or du Carsevène, 39, rue Lafayette, Paris.

Simon (Charles), armateur, 2, rue Newton, Nantes.

Simon (J.), pharmacien spécialiste (crème Simon), 13, rue Grange-Batelière, Paris.

Simon (Louis), délégué de la Nouvelle-Calédonie au Conseil supérieur des Colonies, 20, rue Juliette-Lamber, Paris.

Simonet (Fernand), employé de la maison Maurel et Prom, Rufisque (Sénégal).

Sinçay (Ludovic de), 46, avenue d'Iéna, Paris.

Siraudeau (Alfred), 25, rue Tronchet, Paris.

Siry (Etienne), 9, rue Galilée, Paris.

Société agricole et commerciale du Bas-Ogooué (Congo français), M. Carimantrand, directeur, 39, rue de Châteaudun, Paris.

Société anonyme des amidonnerie et glucoserie d'Haubourdin (Nord), établissement Verley frères.

Société anonyme des Chantiers et Ateliers de la Gironde, 62, rue de Provence, Paris.

Société anonyme des Entrepôts généraux d'Alger, 73, rue Sylvabelle, Marseille.

Société anonyme des Hauts Fourneaux et Fonderies de Pont-à-Mousson (Meurthe-et-Moselle).

Société anonyme des Mines et Fonderies de zinc de la « Vieille Montagne », 19, rue Richer, Paris.

Société anonyme de Produits chimiques des Etablissements « Malétra », au Petit-Quévilly (Seine-Inférieure).

Société anonyme des Usines et Fonderies de Baume et Marpent

(Nord). Agent général : M. Auguste Vinçotte, ingénieur civil, 107, rue Lafayette, Paris.

Société Arsène Saupiquet, conserves alimentaires, Nantes. — Agences à Londres, Berlin, Moscou, Vienne, New-York, etc.

Société Bordelaise de Crédit Industriel et Commercial et de Dépôts, 42, cours du Chapeau-Rouge, Bordeaux.

Société des Brasseries de la Loire, rue Désirée, Saint-Etienne (Loire).

Société centrale de Dynamite, 13, rue Auber, Paris.

Société Coloniale du Baniembé, 6, rue du Hanovre, Paris.

Société coloniale française de la Côte de Guinée, 26, rue des Bons-Enfants. Paris.

Société commerciale, industrielle et agricole du Haut-Ogooué, 51, rue Taitbout, Paris.

Société pour la défense du Commerce de Marseille, 12, rue Canebière. Marseille.

Société des Docks et des Houillères de Tourane, 12, rue du Bât-d'Argent. Lyon.

Société des employés du Commerce et de l'Industrie de Caen.

Société française de constructions portatives et transformables, 16, rue Véron, Paris.

Société française des Mines de l'Imérina, 19, r. de Choiseul, Paris.

Société française pour l'industrie et les mines, 45, boulevard Haussmann. Paris.

Société Générale Industrielle de Chandernagor, 3, rue Rossini, Paris.

Société générale meulière, la Ferté-sous-Jouarre (S.-et-Marne).

Société des grands bazars du Betsiléo, 10 et 12, rue des Ardennes, Paris.

Société d'imprimerie et de librairie, administration et chemins de fer, 4, rue du Bouloi, et 19, rue du Croissant, Paris. M. Paul Dupont, directeur.

Société industrielle d'Orient, 44, boulevard Haussmann, Paris.

Société industrielle de Reims, rue Ponsardin, Reims.

Société industrielle des Téléphones (Constructions électriques, caoutchouc, câbles), 25, rue du Quatre-Septembre, Paris.

Société « Le Calaya », 46, allées de Tourny, Bordeaux.

Société Lemarchand jeune, filateur-tisseur, 83, boulevard Cauchoise, Rouen.

Société marseillaise de sulfure de carbone, les Chartreux, Marseille.

Société des mines de Bong-Miù (Annam), 7, r. Port-Mahon, Paris.

Société des Pêcheries d'huîtres perlières et nacrières de la Nouvelle-Calédonie et dépendances, Nouméa.

Sociétés réunies des Phosphates Thomas, 5, rue de Vienne, Paris.
Société de la Sangha équatoriale, 87, rue Taitbout, Paris.
Société viticole Mostaganemoise, Mostaganem (Algérie).
Solvay et Cie, 44, rue du Louvre, Paris.
Stern et fils, graveurs, 47, passage des Panoramas, Paris,
Spire (Camille), docteur-médecin de 2e classe des colonies, Jardin botanique de Buitenzorg (Java).
Sube et Cie, fabricants, 35-37-39, boulevard Perier, Marseille.
Syndicat des Exportateurs, 12, rue Canebière, Marseille.
Syndicat des Planteurs du Tonkin, Hanoï.

Tandonnet frères (J.-H.), 11, place Bourgogne, Bordeaux.
Teissier (Georges), maître des requêtes au Conseil d'État, 4, boulevard Raspail, Paris.
Ternaux-Compans, député, 25, rue Jean-Goujon, Paris.
Tertrais (Victor), conserves et salaisons, Nantes.
Testut fils (Ch.) **et ses frères**, fabricants d'instruments de pesage, 8, rue Popincourt, Paris.
Thibaud, administrateur des Distilleries méridionales, 50, cours Pierre-Puget, Marseille.
Thomeuf (Jules), Hanoï (Tonkin).
Thubé (Gaston), commissionnaire-armateur, 2, avenue Launay, Nantes. — Sénégal, Ile Maurice (comptoirs).
Thurnauer (E.), ingénieur, 1 *bis*, avenue du Bois-de-Boulogne, Paris.
Tiberghien (Charles) **et fils**, fabricants de tissus, Tourcoing.
Tijoux (Gabriel), Majunga (Madagascar), et à Paris, 56, rue de l'Abbé-Groult.
Toulemonde (Paul), fabricant, 23, rue du Pays, Roubaix.
Tournier (colonel), résident supérieur au Laos, Vien-Tiane (Laos), Indo-Chine.
Tracy (marquis de), 37, rue de La Boëtie, Paris.
Trébucien (Ernest), négociant en cafés et chocolats, 25, cours de Vincennes, Paris.
Tremblay (Georges), employé de commerce, Rufisque (Sénégal).
Tréchot (François-Henri), directeur de la maison Tréchot frères et Cie, à Brazzaville et Loango (Congo), 13, rue Grange-Batelière, Paris.
Trimouillas (Stéphane), avocat, inspecteur de la Cie d'Assurances Générales, 5 *bis*, rue du Général-Cérez, Limoges (Haute-Vienne).
Turlin (Paul), mécanicien, 23, rue Servan, Paris, et à Bône, Algérie.

Turpin (H.) (Lafond frères), négociant, spiritueux, 41, rue des Augustins, Rouen.

Union des fabricants pour la protection internationale de la propriété industrielle et artistique, 89, rue Saint-Lazare, Paris.
Union des marchands de soie de Lyon (M. Ulysse Pila, président du Syndicat), 29, rue Puits-Gaillot, Lyon.

Vacherot (Charles), chez M. Bonte, Thu-Bo, par Faï-Foo, Annam.
Valette et Julien, commissionnaires, Palais de la Bourse, Marseille.
Van Brock (Gaston), 30, avenue Kléber, Paris.
Vandelet et Faraut, négociants, Pnom-Penh (Cambodge).
Vanderhaeghen (Dioméde), fabricant de tissus, Gand (Belgique).
Varlet (Jules), administrateur des distilleries Bugnot-Colladon et Boulet réunies, Rouen.
Vaucher et Cⁱᵉ, manufacturiers, 10, quai du Mont-Riboudet, Rouen.
Verdé-Delisle (Gaston), 14, rue de Téhéran, Paris.
Vernes (William), 130, rue Réaumur, Paris.
Vézin (Charles), ingénieur, entrepreneur de travaux publics, 44, rue Lafayette, Paris.
Vial (Alexis) **fils**, de la maison Villard, Castelbon et Vial, Voiron (Isère).
Vidal (Emmanuel), banquier, 3, place de la Bourse, Paris.
Vidal de la Blache, professeur à la Sorbonne, 6, rue de Seine, Paris.
Viel Castel (comte Pierre de Salviac de), 17, avenue Montaigne, Paris.
Viellard (Armand), maître de forges, député du Haut-Rhin, membre du Groupe parlementaire de « Politique extérieure et coloniale », Morvillars (près Belfort), 62, rue de Courcelles, Paris.
Viellard (L.), maître de forges, Morvillars (près Belfort).
Villeneuve, 39, rue des Vignes, Paris.
Vilmorin, Andrieux et Cⁱᵉ, marchands-grainiers, 4, quai de la Mégisserie, Paris
Vilmorin (Maurice-Lévêque de), négociant, 13, quai d'Orsay, Paris.
Vincent (Auguste), négociant-armateur, 7, rue du Chai-des-Farines, Bordeaux.

Vormèse, 88, boulevard de Courcelles, Paris.
Vuibert, publiciste, 26, rue des Écoles, Paris.
Vulpian (Dr André), 51, avenue Montaigne, Paris.

Waddington fils et Cie, manufacturiers, 173, rue des Charrettes, Rouen,
Walbaum frères et Ch. Desmarest, industriels, fabricants de tissus de laine, Reims (Marne).
Waller frères, négociants, 52, rue Fortin, Marseille.
Wallon (Henri), manufacturier, 49, rue du Val-d'Eauplet, Rouen.
Walter-Seitz et Cie, manufacturiers, à Granges (Vosges).
Weil (Élie) **et Cie**, exportateurs-importateurs, 28, rue de la Victoire, Paris.
Westphal (Gustave), 2, quai Saint-Clair, Lyon.
Willig (Germain) **et Cie**, filature et tissage, Thaon-les-Vosges, Vosges.
Winckler frères, tissage, Rougemont-le-Château (territoire de Belfort).
Witt (Cornélis de), ancien officier, 15, rue Daru, Paris.
Witz et Ch. Esslinger, tisseurs et commissionnaires, Epinal.
Worms et Cie, armateurs (charbons), 45, boulevard Haussmann, Paris.

Yamar M'Bodj, chef supérieur du Oualo (Sénégal).
Yver, administrateur délégué des filatures et tissages Pouyer-Quertier, Rouen.

Zeller frères et Cie, filature et tissage de coton, Etueffont-Bas (territoire de Belfort).

LA QUINZAINE COLONIALE

Directeur : **M. JOSEPH CHAILLEY-BERT**

44, rue de la Chaussée-d'Antin, Paris

La QUINZAINE COLONIALE publie tous les 15 jours un *Tableau complet de la vie politique et économique de nos possessions d'outre-mer.*

On trouve dans cette Revue :

Tous les ACTES ADMINISTRATIFS susceptibles d'intéresser le colon;

Tous les RENSEIGNEMENTS STATISTIQUES ET ÉCONOMIQUES indispensables à ceux qui s'occupent des questions coloniales;

Tous les PROBLÈMES COLONIAUX envisagés au double point de vue doctrinal et pratique.

Les faits les plus notables concernant les colonies étrangères, ceux surtout qui peuvent servir d'enseignement à nos coloniaux ou qui sont susceptibles d'avoir quelque répercussion sur nos propres possessions; enfin, une large documentation et de nombreuses indications bibliographiques.

Chaque numéro contient **32 pages** *de texte à deux colonnes;*
il en paraît un le **10** *et le* **25** *de chaque mois.*

La Quinzaine Coloniale est envoyée **gratuitement** à tous les membres de *l'Union Coloniale Française.*

Prix du Numéro : **60** centimes

ABONNEMENTS :

Paris, Départements, Alsace-Lorraine
- Un an........... 15 fr. »
- Six mois........ 8 fr. »
- Trois mois...... 4 fr. 50

Union postale : Un an, 18 fr. — Six mois, 10 fr. — Trois mois, 6 fr.

Pour s'abonner, il suffit d'envoyer, en un mandat-poste,
44, *rue de la Chaussée-d'Antin, le montant de l'abonnement.*

Tout ce qui concerne la publicité doit être adressé à *M. le Chef de la Publicité de la* **Quinzaine Coloniale** 44, rue de la Chaussée-d'Antin, Paris

TÉLÉPHONE : 248.17

PARIS. — IMPRIMERIE F. LEVÉ, RUE CASSETTE, 17.

www.ingramcontent.com/pod-product-compliance
Ingram Content Group UK Ltd.
Pitfield, Milton Keynes, MK11 3LW, UK
UKHW021634090726
13657UKWH00004B/1609